AF319214

CONFÉRENCES

RÉPUBLICAINES

CONFÉRENCES

RÉPUBLICAINES

FAITES

A

KERNEVEL, MELGVEN ET BANNALEC

PAR

M. Corentin GUYHO

Candidat au Conseil général

PARIS

IMPRIMÉ PAR CHARLES NOBLET

13, RUE SOUFFLOT, 13

1874

INTRODUCTION

La tentative de M. Corentin Guyho était hardie : c'était de provoquer une suite de *réunions privées*, de faire une série de *Conférences*, et cela dans un Canton où la majorité des électeurs se compose d'habitants des campagnes.

44 personnes sont venues à Kernevel; 63 à Melgven; plus de 100 à Bannalec. Il est désormais démontré par l'expérience que la parole publique est un puissant agent de propagande électorale dans les campagnes, qui progressent chaque jour en instruction et en libéralisme.

Ce résultat heureux est dû en grande partie — il est juste de le reconnaître — au concours actif et patriotique des Présidents de ces trois réunions : MM. Kervarec, à Kernevel, Guégan, à Melgven, et Salaün, à Bannalec (1).

M. Kervarec est un de ces érudits modestes qui, proprié-

(1) Il y aurait une véritable ingratitude à ne pas mentionner ici la part si dévouée, si cordiale et si efficace prise par M. Félix Chardon à 'organisation et au succès de la réunion de Bannalec.

taires dans le pays, ont eu l'abnégation — assez mal récompensée du Gouvernement — de se consacrer à une école de village ; M. Guégan est un maire franchement républicain, qui, plein d'indépendance en même temps que de modération, a l'un des premiers attiré sur sa tête les foudres de *l'ordre moral ;* M. Salaün joint à un caractère franc et à une parole chaleureuse la fermeté de convictions qui n'ont jamais varié.

Nous regrettons de ne pas posséder les allocutions de MM. Kervarec et Guégan ; mais nous sommes heureux de publier celle de M. Salaün, comme la meilleure introduction aux Conférences.

Ces Conférences, au nombre de trois, sont ici fondues en une seule, pour la plus grande commodité du lecteur.

ALLOCUTION

DE

M. SALAÜN

Docteur en médecine,
Conseiller municipal de Bannalec,
1er adjoint démissionnaire,
Président de la réunion de Bannalec.

MESSIEURS,

Vous avez tous reçu des lettres de convocation de M. Corentin Guyho ; vous savez tous quel est le but de la réunion : le mandat de notre Conseiller général est expiré ; de nouvelles élections vont avoir lieu prochainement, le 4 octobre. M. Corentin Guyho est présenté comme candidat par ses amis, et vient entretenir ses électeurs.

Dans le choix d'un candidat, vous devez être désormais excessivement réservés et prudents ; ne vous en tenez plus à de vaines promesses échangées en petit comité ; il faut que notre candidat vienne — devant nous, — déclarer spontanément et publiquement quelles sont ses convictions.

Nous lui demanderons, non-seulement de la probité politique, mais encore de la capacité, et des connaissances spéciales.

La Commune de Bannalec, depuis quelques années, s'est distinguée par l'indépendance de ses votes ; j'espère que, dans cette circonstance, nous resterons dignes de notre réputation.

Deux candidats sont en présence ; tous deux se rangent sous le drapeau de la République conservatrice : l'un est devant vous. Par respect pour le suffrage universel, par déférence pour les électeurs du Canton, — M. Corentin Guyho a tenu à honneur,de venir devant vous développer sa profession de foi ; l'autre candidat, qui avait accepté dans le principe votre arbitrage, a renoncé à venir en public affirmer ses opinions. Cependant, si l'on veut des élections sincères, il faut que les professions de foi aient toute la publicité possible : c'est une espèce de contrat moral consenti entre le candidat et l'électeur. — Vous jugerez, Messieurs. —

Pour ma part, quand M. Lebihan, candidat républicain, semblait devoir se trouver seul devant le Conseiller sortant, je lui avais, moi comme beaucoup d'autres, promis mon concours le plus dévoué, — sous la réserve — bien entendu — de la décision ultérieure d'un comité régulier ; devant une nouvelle candidature, également républicaine, j'ai dû sacrifier mes préférences personnelles et retirer loyalement la parole que j'avais loyalement donnée dans d'autres circonstances.

Lorsque vous vous présenterez devant l'urne électorale, n'écoutez que la voix du patriotisme et de l'intérêt général.

Portez, je vous en prie, vos suffrages sur le candidat le plus capable et le plus indépendant ; sur le défenseur le plus autorisé de nos intérêts communs.

CONFÉRENCE

Mes chers Compatriotes,

Après vous avoir remercié de répondre à mon appel, de quoi vous parlerais-je, si ce n'est de politique, surtout à l'approche d'une élection?

Marquer de plus en plus le déclin de l'influence jadis exercée par le parti légitimiste; protester contre l'intervention abusive du Clergé dans la direction des affaires laïques; donner un nouveau témoignage de votre indépendance vis à vis de l'Administration, essayant de faire revivre les traditions de l'Empire et les *candidatures officielles :* voilà le sens, voilà la portée que doit avoir le scrutin du 4 octobre, dans le Canton de Bannalec.

I. — Toute élection, en ce moment de crise constitutionnelle, prend forcément un caractère politique. Si donc vous êtes vraiment des patriotes; si, de plus, vous êtes des conservateurs intelligents, n'élisez que des Républicains. Eux seuls, en effet, veulent sincèrement un régime *défini*, stable, avec un baptème et un lendemain; tel, en un mot, qu'il le faut pour la reprise sérieuse des affaires et la prospérité publique. Eux seuls, aussi, sont des conservateurs, puisque, seuls, ils travaillent à la consolidation de ce qui est, c'est-à-dire de la République.

II. — Au contraire, les propriétaires appartenant au parti légitimiste, — si honorables, si bienfaisants qu'ils puissent être comme particuliers, — ne doivent être, en général, ni choisis, ni écoutés par vous, quand il s'agit de politique.

Pourquoi ?

Parce qu'ils ont un intérêt directement opposé au vôtre.

Vos anciens ont dû vous raconter que, jadis, il y avait des domaines seigneuriaux, c'est-à-dire de beaux châteaux entourés d'un grand nombre de fermes et de *domaines congéables*. Vous cultiviez ces fermes, ces *domaines*, sans pouvoir jamais les acquérir. En effet, les terres passaient sans réserve au fils aîné du Seigneur qui, riche et puissant à son tour, ne les cédait à aucun prix et vous tenait, comme propriétaire foncier, sous une domination, adoucie souvent — (je dois le reconnaître) — par l'exercice de la charité.

Voilà votre situation en 1789 ! — La Révolution française est survenue, et elle a fait une loi d'après laquelle les biens du père doivent être partagés également entre les enfants. Dès lors, les cadets et les filles ont hérité au même titre que le fils aîné. La terre noble s'est divisée, et, quand elle n'a pu être partagée en nature, elle a été vendue. Vous l'avez achetée, — car vous la payez plus cher que tout le monde, — et vous la gardez.

Depuis près d'un siècle, l'exécution de cette loi d'égalité a provoqué, dans un certain parti, de violentes protestations. Il est des gens — (et vous devinez bien lesquels) —

qui voudraient revenir au *droit d'aînesse ;* mais comment le rétablir ? Par un moyen détourné : en réclamant une liberté respectable, le droit de *tester*, autrement dit la faculté pour le père, — s'il a les préjugés nobiliaires, et il les aura souvent dans l'état actuel de nos mœurs, — la faculté, dis-je, d'accumuler, en mourant, tous ses biens sur la tête d'un seul enfant, — toujours le même.

Vous voyez la conséquence : L'aîné, constamment avantagé, ne serait plus forcé de vendre et chercherait, au contraire, à reconstituer l'ancien domaine. Les biens sortiraient de vos mains pour aller s'immobiliser dans les mêmes familles, et, au bout d'un certain nombre d'années, vous seriez retombés de la condition de propriétaires, dont vous êtes si justement fiers, à l'état subalterne de fermiers. (Sensation.)

Est-ce là ce qui vous convient ? Ne sentez-vous pas le danger, et le candidat légitimiste aurait-il quelque chance d'être choisi par vous, s'il n'était pas en même temps soutenu par le Clergé ?

III. — En effet, il est une certaine partie du Clergé — (la moins sage, et dès lors la moins utile au véritable intérêt de la religion) qui s'éloigne de plus en plus de la chaumière pour courtiser le château, néglige la croix de bois pour la croix d'or, et, oublieuse de la parole du Christ, voudrait à toute force que le royaume de Dieu fût de ce monde. Quelques-uns de ces hommes, qui devraient être des ministres de paix, s'engagent avec ardeur et colère dans la lutte électorale. Ils prétendent diriger les mairies et les maisons d'école ; ils mettent au service d'une politique de privilége et de réaction le confessionnal lui-même et leur influence sur les femmes. Ils approuvent les guerres civiles à l'étranger, et demandent en France une guerre contre l'Italie. En un mot, ils tendent à la domination, sans négliger les petits profits pécuniaires et le produit des *quêtes*. (Applaudissements et rires.)

Que disent, soit en pleine chaire, soit au pied du crucifix de vos chapelles, certains vicaires exaltés et même de graves curés? — Que les candidats républicains sont des gens de rien (*tud nitra*), qu'ils vivent comme des païens, qu'ils sont plus *rouges* que le Diable, et qu'il faut se garder de voter pour eux, de peur de l'Enfer. Eh bien ! ce sont là des contes de Croquemitaine, avec lesquels on n'effraie plus, même les enfants. Or, vous êtes des hommes, et vous l'avez prouvé ! Tant que le prêtre se borne à prêcher sur un texte de l'Evangile ou sur la fête du jour, vous l'écoutez avec soumission; mais, s'il essaie de souffler la défiance et la haine au nom d'un Dieu de fraternité et d'amour, vous savez lui montrer, par votre vote, que, respectueux à l'Eglise, vous êtes indépendants sur la place publique, et que le citoyen ne se confond pas en vous avec le paroissien. (Approbation marquée).

IV. — On dit (je n'en veux rien croire), que le Préfet sortirait, pour cette élection locale, de la réserve qui lui convient particulièrement quand il s'agit d'élections départementales. Peut-être, en effet, l'Administration préférerait-elle secrètement un opposant silencieux à un avocat, et un cultivateur désireux des places à un bourgeois indépendant par situation. — Mais, en tout cas, que vous importe, à vous qui vivez sur votre terre, et qui n'avez, ni avancement à solliciter, ni destitution à craindre !

En 1869, je vous le disais déjà : L'administrateur, sujet

au contrôle, ne doit pas choisir le mandataire chargé de le contrôler. Si tous les deux s'entendent, ce ne peut être qu'à vos dépens. (Assentiment.) — En 1869, je vous répétais, — faisant allusion à la loi du recrutement et à celle de l'impôt : — « Toutes les fois que vous allez porter votre bulletin dans l'urne, songez à votre bourse et à vos fils. » Ces conseils ont-ils été écoutés? — Non. Le candidat *officiel* a été élu en 1869, et, dès 1870, il votait la déclaration de guerre.

Ainsi, vous qui étiez partisans de la paix, vous avez semblé, par votre représentant, approuver l'ouverture des hostilités ; vous qui désiriez la diminution des impôts, vous avez vu doubler votre cote ; vous qui vouliez garder vos fils, vous avez dû les laisser partir pour les champs de bataille, et pour les camps, plus mortels encore que les champs de bataille ! Vous qui ne craigniez rien tant que les Révolutions, vous avez amené une Révolution : — Voilà ce qu'il vous en a coûté, alors, de céder à la pression administrative, au lieu de suivre les avis de ceux qui, n'étant point fonctionnaires, ne vivent pas sur votre argent, et qui, contribuables comme vous, ont le même intérêt que vous : diminuer les dépenses et les impôts. (Applaudissements.)

Peut-être, au moment du scrutin, le favori de l'Administration—s'il y en a un—essaiera-t-il de surprendre vos suffrages par l'annonce de quelque subvention ou de l'ouverture prochaine d'une route longtemps négligée. Quoi qu'il arrive, accueillez avec défiance les belles promesses de la dernière heure ; attendez-en l'exécution, au lieu d'en escompter l'effet par avance ; et, si quelqu'un s'étonnait de cette ingratitude, répondez par l'histoire que voici : Il était une fois un représentant qui ne s'occupait de ses électeurs qu'au moment de la réélection ; — il y en a beaucoup comme cela (rires). Quand l'époque critique approchait, des piquets étaient posés ; on traçait le plan d'un chemin avantageux ; on commençait même les travaux de terrassement. Le pays était dans la joie. Notre homme était réélu. Aussitôt, piquets et travailleurs de disparaître. Il n'en était plus question jusqu'à l'élection suivante. Et voyez l'habileté ! Si le chemin eût été fait, on n'aurait plus eu à le promettre ! (Rires.)

V. — Donc, n'élisez, ni le candidat des Légitimistes, ni le candidat du Clergé, ni le candidat de l'Administration. — Désignez vous-mêmes votre mandataire.

Il s'agit de vos intérêts pécuniaires, moraux et politiques ; il s'agit de l'homme qui doit vous représenter, — vous et non d'autres. — C'est votre affaire, et vous êtes chez vous. — Or, le proverbe le dit : *Charbonnier est maître en sa maison.* Faites donc votre choix sans vous inquiéter du reste.

Si un Républicain doit l'emporter sur le candidat Légitimiste à cause de son opinion, — c'est la question générale, — il ne peut être préféré à un autre candidat républicain qu'à raison de son mérite, — c'est la question de personnes. —

Faire ce choix en parfaite connaissance de cause et avec une complète compétence, — éviter la division du parti républicain, — telle eût été la double utilité d'une réunion générale et contradictoire, convoquée dans le Canton même, où chaque candidat aurait fait valoir ses titres, où chaque groupe d'électeurs aurait donné les motifs de sa préférence, et où, la majorité ayant prononcé, les uns et les autres se seraient inclinés avec discipline et abnégation.

Il faudrait tout au moins un Comité pour cette désignation délicate. Pensez-vous, en effet, que tout le monde, indifféremment, soit capable de remplir de la même manière un mandat de député ou de conseiller général ? — Pour siéger utilement à Quimper, est-il sans importance d'avoir déjà acquis une compétence spéciale et de s'être fixé, au préalable, sur les questions qui sont traitées et résolues au Conseil général : celles, par exemple, des dépôts de mendicité, des enfants assistés, de la médecine dans les campagnes, et tant d'autres qui vous touchent de plus près encore ?

Mais puisque l'arbitrage d'un Comité, — toujours accepté par moi, — a été jusqu'ici refusé par M. Lebihan ; — puisque je ne puis rencontrer face à face aucun de mes concurrents pour m'expliquer contradictoirement avec lui dans une réunion générale d'Électeurs, je suis amené à vous entretenir directement, et dans une réunion *privée* convoquée par moi-même, des titres que je crois avoir à votre préférence.

Vous connaissez ma profession de foi ; — vous y avez trouvé exposés les principes qui furent toujours les miens, et mes engagements dans le présent, comme pour l'avenir.

Cette profession de foi, — elle est bien de moi, — et je ne songe pas à changer de langage selon les gens avec lesquels je parle. Je n'ai pas hésité, non plus, à publier ces déclarations. C'est à vous d'abord, et sans intermédiaire étranger, que je les ai adressées. Ce n'est donc pas à moi que vous pouvez reprocher d'avoir manqué vis à vis de vous de franchise ou de déférence.

Cependant, je m'attends à rencontrer des objections, et, tout de suite, je vais au-devant de celles que je puis prévoir.

Que vous a-t-on dit, sans doute, contre moi? — Au point de vue de la personne, — que je ne suis pas né en Bretagne; que je suis étranger au canton; que je réside à Paris; que je ne parle pas couramment la langue du pays; que je n'ai, ni les occupations, ni l'habit du cultivateur; enfin, que je suis un ambitieux, et veux me faire du Conseil général un marchepied pour me hisser jusqu'à la députation; — au point de vue politique, — que mon père a servi l'Empire, que je suis suspect d'attaches Orléanistes, et que ma conversion à la République est encore trop récente.

C'est tout, je pense; mes adversaires doivent reconnaître que j'y mets quelque franchise, et que je joue cartes sur table.

La naissance! qu'importe ce hasard? — Un enfant né à l'étranger d'un Français n'est-il pas Français? Eh bien! par la même raison, celui qui naît en France d'un père breton est Breton. — Le prénom même que je porte est un signe indéniable de ma nationalité. Où peut-on s'appeler *Corentin*, si ce n'est dans le Finistère? (Rires.) Où ai-je mon principal établissement, comme dit la loi? Où sont les propriétés qui doivent me revenir un jour, — tard, je l'espère? Où sont mes intérêts d'avenir? — Breton, je le suis de fait, de nom et surtout de cœur.

On dit qu'il ne faut pas un candidat étranger au Canton. — Suis-je donc étranger à Bannalec? Est-ce que, à chaque pas, — dans le bourg même, — je ne retrouve point les traces laissées par les miens? — Les hommes dont mon père a été le camarade d'enfance, les arbres qu'il a vu planter, la maison où il est né et où est mort mon grand-père? Vos anciens ont-ils besoin de beaucoup chercher dans leur mémoire pour évoquer la figure du vieux juge de paix dont la bonté si connue se cachait sous une certaine rudesse de forme? Qu'il se montre, celui qui ne veut pas de moi à cause de la famille à laquelle j'appartiens! (Vive émotion.)

Sans doute, j'ai, dans le Canton, moins de parents et d'alliés que mes concurrents; mais, une élection, est-ce un de ces actes presque indifférents, déterminés par la seule préoccupation d'être agréable à un cousin ou à un beau-frère?

Voyons! si vous aviez une procuration à confier pour un procès à soutenir ou pour un bien à administrer, qui choisiriez-vous? — Votre oncle, votre beau-père, ou, en dehors de tout lien de parenté, l'homme le plus capable de gagner votre cause et de vous épargner des dépenses? (Assentiment.) — Pourquoi donc faire autrement quand il s'agit d'élections? Est-ce que, là aussi, il n'y a pas une économie à réaliser ou une perte à subir? Je ne saurais trop le répéter: le Conseil général vote des impôts, et ces impôts, c'est vous qui les payez. Eh bien! qui veillera à ce que le chiffre n'en soit point augmenté, à ce que l'emploi en soit judicieusement fait, et à ce que votre Canton en retire le même profit que tous les autres? Pour examiner le budget du Département, pour contrôler les actes du Préfet, que vous faut-il? — Un mandataire qui ait la capacité de tout voir et l'indépendance de tout dire. — La conclusion est d'une vérité évidente : — Mieux vaut pour vous un étranger qui préserve votre bourse qu'un parent qui y laisse puiser! (Approbation.)

Je ne passe, en Bretagne, que deux mois de vacances; mais n'est-ce pas assez, si j'y viens tous les ans, pour étudier attentivement vos mœurs, vos besoins et vos aspirations? Habiter Paris, être en rapports fréquents par ma profession avec les chefs des grandes Administrations, parfois avec les Ministres eux-mêmes, n'est-ce pas, d'ailleurs, me trouver dans des conditions favorables pour être personnellement utile à quelques-uns d'entre vous?

Quant aux intérêts généraux du Canton, je les envisagerais, — à raison de cet éloignement même, — d'une manière peut-être moins étroite, moins personnelle et partant plus juste. En effet, si j'habitais constamment le pays, je craindrais d'être trop disposé à favoriser aux dépens du reste du Canton ma commune, et aux dépens du reste de la commune ma *trève*. J'aurais du penchant — (mon Dieu! quoi de plus naturel?) — pour la route qui devrait desservir mon *village;* je serais tenté de réclamer, de préférence, les subventions agricoles pour mes proches voisins. J'arriverais ainsi, malgré moi, à me faire, non pas le représentant de tous, le défenseur des intérêts collectifs, l'homme du Canton entier, mais le chef d'une coterie et le patron d'une commune sur quatre! J'entends plus largement, pour ma part, les mandats conférés par le suffrage universel, et, ami très-chaud dans la vie privée, je tiens que, dans la vie publique, l'amitié elle-même doit céder le pas au sentiment de la justice, de la bonne entente et de l'intérêt général. (Applaudissements.)

Je ne saurais improviser un discours en breton ; mais vous apprenez tous le français, et tous ceux d'entre vous qui s'occupent d'élections l'entendent et le parlent. Dans quelle langue, d'ailleurs, faut-il défendre vos intérêts? Est-ce le breton ou le français? Si c'est le français, ne vaut-il pas mieux, pour vous, avoir un représentant qui parle en français qu'un conseiller général qui se taise... en breton? (Sourires.)

N'êtes-vous pas las de voir, —lorsque vous parcourez les comptes-rendus des Assemblées,—que votre élu se borne à se lever de temps en temps, et en silence, avec son voisin de droite ou de gauche, sans avoir une opinion à lui, ou du moins sans l'exprimer? Et si vos intérêts ont un jour besoin d'être énergiquement défendus, les abandonnera-t-il sans mot dire? ou fera-t-il comme cet orateur embarrassé qui, forcé un jour de monter à la tribune, fit à ses collègues cette proposition naïve : « Messieurs, je ne sais pas parler en public; mais, si quelqu'un veut bien prendre la parole en mon nom, je lui tiendrai son chapeau. » (Rires et applaudissements.)

Peut-on me faire une objection de ce que je porte une redingote, au lieu d'un *jupen?* — Doit-on classer les hommes d'après leur vêtement, ou d'après leur mérite? A Dieu ne plaise qu'une différence d'habit ou de chapeau devienne jamais une cause d'exclusion! C'est à la différence des opinions et des capacités qu'il faut regarder.

L'Égalité à laquelle nous tendons n'est pas, en effet, une égalité jalouse et haineuse des supériorités sociales, fondées, désormais, non plus sur le privilége, mais sur la valeur personnelle ; — c'est une égalité fraternelle dans le progrès, une marche incessante vers l'unité de classe, vers un niveau commun d'instruction, et une égale aptitude à la vie publique. — Cette tendance généreuse, elle se résume dans un mot bien spirituel et bien vrai d'Armand Carrel à Godefroy Cavaignac. — (Deux républicains authentiques, ceux-là !) — « Ce ne sont pas, disait-il, les redingotes qu'il faut rac- « courcir en vestes ; ce sont les vestes qu'il faut le plus pos- « sible allonger en redingotes. » (Rires approbatifs.)

Donc, bourgeois et cultivateurs, ne nous laissons pas diviser ; rien ne nous sépare ; tout nous rapproche. C'est à notre profit commun que se fit la Révolution française ; elle nous a donné à tous l'égalité, et à vous, en particulier, la propriété. Vous l'avez vu ;—le partage forcé des biens entre les enfants d'un même père vous a permis d'acheter la terre de l'ancien Seigneur. Cette terre, les législateurs de la réaction ont songé un moment à vous la reprendre pour reconstituer ce qu'ils appellent *la grande propriété*, et au profit de qui ? Du fils aîné des familles nobles, cela va sans dire.

Vous devinez, dès lors, quel parti a intérêt à nous isoler les uns des autres pour nous dominer ensuite plus facilement les uns et les autres (sensation) : — vous ne tomberez pas dans ce piége.

Mes deux concurrents ne sont-ils pas des bourgeois véritables par l'intelligence, l'instruction et la fortune ? Pourquoi donc ne portent-ils pas l'habit bourgeois ? — Par habitude ; pour rester, dans leur classe, les premiers, les aristocrates, les *chefs de Clans*, au lieu de se confondre dans la nôtre ; en un mot, par préférence.

Enfin, est-ce un tort d'être ambitieux ? — Cela dépend des ambitions ; car il y en a deux : Il y a l'ambition vulgaire

qui vise aux places, — grandes ou petites, — aux traitements,
— le plus gros possible, — et aux faveurs administratives
de toutes sortes. Il y a aussi l'ambition mâle et élevée qui se
confond avec l'amour du pays, et qui n'attend sa satisfaction
que du libre suffrage des citoyens. L'une est la source des
bassesses et des changements intéressés d'opinions; l'autre
est la première des vertus publiques chez un peuple libre ;
— je répudie hautement la première, et je suis flatté qu'on
veuille bien me prêter la seconde; car n'a pas qui veut cette
ambition-là sans être ridicule ! (Rires.)

Il ne suffit donc pas que les candidats soient également
capables ; il faut encore qu'ils soient également disposés à
rester, jusqu'au bout, dans une entière indépendance de
situation.

L'amour des places n'a, en soi, rien de positivement ré-
préhensible; mais, comme électeurs, vous n'avez pas à encou-
rager ces petites combinaisons personnelles ou de famille, et,
surtout, il serait trop naïf de votre part de leur sacrifier
vos intérêts de contribuables.

Exigez donc de tout candidat la promesse publique de ne
solliciter, de n'accepter même, ni pendant son mandat, ni
immédiatement après, aucune fonction, soit d'administrateur salarié, soit de magistrat. Si cet engagement est éludé
ou refusé par un des concurrents, vous saurez d'avance à
quoi vous en tenir. Dites-vous : Celui-là, s'il est élu, s'occu-
pera d'obtenir et de conserver sa place bien plus que de
remplir ses devoirs de représentant.

En effet, un bon parent est souvent un mauvais défenseur
de l'intérêt général. Ainsi, un député, père de sept enfants
et grand solliciteur, allait monter à la tribune pour parler
en faveur du Ministère. Un collègue, appartenant à l'oppo-

sition, essaie de l'arrêter en lui disant : « Eh ! mon cher, vos sept enfants sont placés. — C'est vrai ; mais ma femme est enceinte. »

Voilà ce que j'avais à dire, — en ce qui concerne mon origine incontestablement bretonne, mon séjour à Paris, la langue que je parle, l'habit que je porte, et l'ambition qu'on m'attribue. — J'arrive à des considérations d'un ordre plus général, à l'attitude de mon père et à la mienne sous l'Empire.

Oui ! mon père a servi l'Empire, mais il l'a servi en magistrat, comme tant d'autres l'ont servi en soldats ; ou plutôt, non ! il a servi la France, la France supérieure à toutes les Monarchies, et qui leur survit à toutes ! Le soldat se rallie autour du drapeau ; le magistrat reste fidèle à la loi ! C'est la grandeur du drapeau et de la loi de ne point varier avec les régimes politiques ; là sont l'unité, l'honneur et la force de la magistrature comme de l'armée !

Quand on rencontre la calomnie, le plus sûr, — comme le plus court, — est encore de marcher droit à elle. Ainsi on colportait clandestinement (comme c'est assez l'habitude des Basiles), — on colportait que mon père était un des magistrats qui, en 1852, consentirent à envoyer sans jugement des milliers de républicains mourir sous le climat malsain de nos lointaines colonies. Eh bien ! au mensonge de l'un, à l'erreur des autres, j'oppose une lettre émanant d'un membre important de la *Gauche Républicaine* et destinée à la publicité (car, de la calomnie il ne doit rester que la honte pour le calomniateur, quel qu'il soit).

Voici cette lettre :

« Mon cher confrère,

« J'apprends que, pour combattre votre candidature, on accuse M. votre père d'avoir fait partie des *Commissions mixtes*, alors qu'il était procureur de la République à Dijon, en 1851.

C'est là, je l'affirme, une INDIGNE CALOMNIE !

« M. Guyho a laissé à Dijon le souvenir d'un magistrat libéral; les rapports que j'ai avec vous me permettent d'ajouter que vous continuez la tradition paternelle, et je vous en félicite.

« Recevez, etc.

« Mazeau,
« Député de la Côte-d'Or. »

Quant à moi, j'écrivais ce qui suit dans le premier numéro d'un journal d'opposition fondé, sous l'Empire, contre les candidatures *officielles :* — « Persuadés, d'une part, qu'au-
« cune forme de gouvernement n'a, par elle-même et sans
« le secours des mœurs, la vertu de créer un peuple libre ;
« — persuadés, de l'autre, que les Révolutions n'ont ordi-
« nairement pour résultat que de faire reculer les nations,
« bien loin de hâter leur marche dans les voies de la liberté,
« nous acceptons — quel qu'il soit — le gouvernement
« établi, — sans remonter stérilement à ses sources. » —
Ainsi, je prenais le régime de 1852 à l'état de fait accompli,

sans l'absoudre, sans y adhérer, sans vouloir le renverser non plus. Je réclamais des réformes pour éviter des révolutions. Je croyais, dans ma bonne foi juvénile, le despotisme Césarien susceptible de s'amender pour se maintenir. Pourquoi ne l'avouerais-je pas? Je suis tombé, comme sept millions d'électeurs français, dans le piége de l'*Empire libéral*.

Cette erreur, — désintéressée de ma part, — fut commune à la plupart d'entre nous, Mes chers Compatriotes, et nous aurions mauvaise grâce à nous la reprocher réciproquement.

Aujourd'hui, que suis-je?

Je n'hésite pas, d'abord, à répudier toute accointance avec le Bonapartisme; à déclarer que jamais, — quoi qu'il arrive, — je ne souhaiterai le retour d'un troisième Empire, vraisemblablement en décadence sur le second, lequel ne fut lui-même qu'une hypocrite et désastreuse parodie du premier.

En 1870, vous avez éprouvé que le neveu d'un grand homme de guerre peut n'être qu'un général de parade, et que le génie ne se transmet pas avec la couronne. Après tant de sacrifices, de souffrances et de deuils, pardonnerez-vous jamais à l'Empire de nous avoir attiré une troisième invasion, aggravant Waterloo par Sedan, Sedan, c'est-à-dire la honte dans la défaite, les capitulations hâtives, la captivité d'armées encore intactes, la rançon de cinq milliards et la perte de deux provinces au cœur ardemment français?

Pères qui, mornes et pensifs, regardez le soir la place laissée vide au foyer domestique; jeunes gens qui avez vu les drapeaux de Metz, livrés par le Maréchal évadé de l'Empire, aller orner comme trophées les temples de l'Allemagne; vous qui, prisonniers dans les camps boueux de la Poméranie, avez souffert de l'incapacité bonapartiste et de l'insolence allemande, souvenez-vous ! Souvenez-vous, non-seulement pour solder quelque jour à la Prusse l'arriéré d'un compte qui remonte à Iéna, mais pour nous épargner l'avilissement suprême de retomber sous un despotisme sans gloire. — Dieu préserve la France de ressembler à cette princesse de la légende qui, violée par un palefrenier, en était venue à préférer les amours brutales de l'écurie et de la caserne aux tendresses respectueuses et légitimes ! (Profonde émotion.)

Je ne sais, en vérité, pourquoi on m'a prêté des attaches Orléanistes. C'est peut-être parce que, comparant la famille de Louis-Philippe à celle des Bonaparte, je trouvais, avec M. Dufaure, que, — dans la première, à la différence de la seconde, — « tous les hommes étaient braves et toutes les femmes étaient chastes. »

Ce que je puis affirmer, en revanche, c'est que le régime de 1830 — Monarchie bourgeoise et électorat *censitaire* — ne m'a jamais paru qu'un expédient, une transaction, une transition entre la Monarchie héréditaire, à son déclin, et la République à son aurore. C'était, de plus, un régime de *classe*, et il est justement tombé par là !

Comment serais-je Orléaniste ? Il n'y a plus d'Orléanisme. Le chef de la famille, le Comte de Paris, a rompu avec les traditions libérales de ses ancêtres ; il a manqué aux devoirs particuliers que semblait lui tracer le testament de son noble père ; — il a été rendre hommage à la Monarchie de *Droit divin* dans la personne d'Henry V.

La seule Royauté, c'est désormais la Royauté dite *légitime*. Or, la Légitimité est la vieille branche d'un arbre sapé à sa

racine, branche privée de séve, et qui, d'elle-même, se re-
fuse à refleurir. (Rires.)

Ni bonapartiste, ni royaliste, je suis forcément républicain. Vous voyez que je romps les ponts derrière moi, et
brûle mes vaisseaux, comme on dit.

Reste à savoir si les Républicains de vieille roche vont nous
repousser de leurs rangs, nous, monarchistes ralliés du Finistère; s'ils vont nous faire faire pénitence à la porte du temple,
et nous imposer un noviciat. Rien ne serait plus funeste à la
République que cette politique de ressentiment, de défiance
et d'exclusivisme qui perdit le régime de 1848. Rien ne
serait plus imprudent que de laisser, en dehors du parti
républicain, sous prétexte de l'*épurer*, la grande majorité
des Français. RÉPUBLIQUE OUVERTE, telle doit être la
devise nouvelle de la troisième République : *Hoc signo
vinces*, comme disaient les premiers évêques à Constantin.

L'exemple de M. Thiers n'est-il pas là pour prouver qu'un
ancien monarchiste peut être ensuite le partisan sincère et
l'auxiliaire utile de la cause républicaine? — Après avoir été
le Président d'une République d'ordre et de paix, il est
devenu, sous son successeur, le Chef avoué et obéi d'une
opposition légale et patriotique : — double service dont le
dernier n'est peut-être pas le moindre !

Sous sa direction, en effet, le parti qu'on accusait d'être
le parti de la Révolution en permanence, s'est transformé
en véritable parti de gouvernement. C'est du côté des
Républicains qu'on trouve aujourd'hui la patience, la
modération et le respect du pouvoir établi. Les provoca-
tions se sont multipliées, et ils sont restés calmes. Ils ont été
chassés des mairies, des maisons d'école, des prétoires de

justice de paix, des bureaux d'enregistrement; tous étaient frappés, — même certains maires qui, certes, ne méritèrent pas cette honorable disgrâce par un excès d'indépendance. Coup sur coup, les hommes les plus populaires et les plus influents étaient atteints, et — (bien qu'on eût l'air de s'y attendre) — aucun trouble n'a éclaté. (Applaudissements.) Aussi que de conquêtes chaque jour dans les rangs des anciens Conservateurs! que d'hommes éminents se détachant l'un après l'autre de leurs préjugés monarchiques! que d'âmes généreuses s'écriant avec le poète :

« Je vois, je sais, je crois, je suis désabusée! »

Pour achever ensemble de gagner ce pays à la forme républicaine, ayons soin de dire bien haut quelle est la République de notre choix. C'est celle qui fut si bien définie dans le Message présidentiel du mois de novembre 1872. C'est, — comme l'a dit M. Thiers, — « le gouvernement de la Nation qui, ayant voulu, longtemps et de bonne foi, laisser à un pouvoir héréditaire la direction partagée de ses destinées, mais n'y ayant pas réussi par des fautes encore impossibles à juger avec impartialité, va prendre enfin le parti de se régir elle-même, elle seule, par des élus nouveaux, librement, sagement désignés, ne les cherchant ni en haut, ni en bas, mais dans cette lumière de l'estime publique où les mérites et les défauts se dessinent en traits impossibles à méconnaître. »

Qu'on ne dise plus que la République *conservatrice*, ainsi définie, est une abstraction, un rêve, un chimérique idéal; c'est une réalité, c'est un fait, c'est déjà de l'histoire :

Quel gouvernement, si ce n'est celui-là, a signé courageusement une Paix, d'où la France est sortie mutilée, mais sauvée? Quel gouvernement a rétabli l'ordre intérieur profondément troublé avec une sévérité sans rigueurs inutiles et sans colères tardives? Il a su inspirer une confiance sans bornes au lendemain de désastres sans exemple. Un moment, rien qu'un moment, hélas! il a rendu aux affaires un essor inespéré, et il a opéré ce miracle de se faire offrir en France plus d'argent après notre défaite que la Prusse n'en eût trouvé en Europe après sa victoire. (Applaudissements.)

L'admiration que j'ai vouée au grand patriote, si dignement tombé du pouvoir, n'enlève rien à mon respect pour le Soldat dont la loyauté nous tient lieu d'institutions. La République a changé une fois déjà de Président, et, si elle n'a fait que s'affermir par cette transmission paisible des pouvoirs publics (épreuve difficile à traverser, depuis 1789, pour les différentes Monarchies héréditaires), cependant le pays est encore trop peu valide pour le soumettre de gaieté de cœur à une série de crises gouvernementales.

Aussi, loin d'attaquer le Maréchal de Mac Mahon, sommes-nous plus jaloux de ses prérogatives qu'il ne paraît l'être lui-même, et le poussons-nous sans cesse à défendre son pouvoir, en même temps que la République dont, — après tout, — il est le représentant légal, — contre les revendications naïvement obstinées d'Henry V, les intrigues d'*ordre moral* qui choquent la morale, et la propagande factieuse dont les bons amis de M. Bazaine croient effacer la trace en la niant sur l'honneur. (Rires.)

J'ai fini, ou plutôt j'aurais fini, si je n'avais à repousser une dernière objection : c'est que je suis encore jeune et que j'ai le temps d'attendre.

La jeunesse! laissez-moi m'en prévaloir près de vous, au lieu de m'en excuser. — Car la jeunesse, dans les campagnes comme dans les villes, c'est l'espoir du pays! Elle a derrière elle les leçons du passé, et elle se sent poussée en avant par le souffle d'un esprit nouveau qui lui ouvre des horizons inconnus. L'Empire avait cru couper les ailes de l'oiseau prêt à s'envoler du nid; — ces ailes repoussent peu à peu sous la République.

C'est à tous ceux dont l'esprit est *jeune* (quel que soit leur âge) à fonder, par une entente commune, une ère nouvelle de progrès, de grandeur morale et de prospérité matérielle, où le Suffrage Universel s'organise et s'éclaire; où la capacité vienne justifier le droit; où l'égalité, sagement entendue, n'ait plus besoin de s'imposer; où la parole, enfin, soit laissée à tous et le pouvoir confié aux plus dignes. (Acclamations.)

Corentin GUYHO,

Docteur en droit,
Avocat au Conseil d'État et à la Cour de cassation.

Bannalec, 9 septembre 1874.

2159 — IMPRIMÉ PAR CHARLES NOBLET, RUE SOUFFLOT, 18.

www.ingramcontent.com/pod-product-compliance
Ingram Content Group UK Ltd.
Pitfield, Milton Keynes, MK11 3LW, UK
UKHW021039120726
13693UKWH00005B/2343